Kunst des Augenblicks

Gedichte, Geschichten & Gedanken

von Elke Buttgereit – Kliem

Impressum

Bibliografische Information der Deutschen Nationalbibliothek: Die Deutsche Nationalbibliothek verzeichnet diese Publikation in der Deutschen Nationalbibliografie; detaillierte bibliografische Daten sind im Internet über dnb.dnb.de abrufbar.

© 2024 Elke Buttgereit-Kliem

Verlag: BoD • Books on Demand GmbH, In de Tarpen 42, 22848 Norderstedt Druck: Libri Plureos GmbH, Friedensallee 273, 22763 Hamburg

ISBN: 978-3-7597-7078-3

Losgelebt

mit Freude,
Neugier und Elan,
ein Neuanfang ist getan
Glück

Sommer

Der Sommer, die Wärme,
das helle Licht,
Die Sonne, die Freude,
auf meinem Gesicht.
Das Leben ist heiter
und unbeschwert,
das ist es,
was der Sommer uns beschert.

Zitronenfalter

du bist schön,
ich mag dich gern,
beim Fliegen zusehen.
Wie du tänzelst,
durch die Luft,
angelockt vom Blütenduft,
lässt auf Blüten,
dich dann nieder
und auf einmal,
schwebst du wieder.
Naschst mal hier
und naschst mal dort
und dann fliegst du wieder fort.

Jahreszeiten

sind sehr schön, träumend
durch die Natur zu gehen,
die Freude, die sich dabei zeigt,
wenn die Sonne am Firmament
aufsteigt,
das ist es, was jeder kennt,
wenn die Lebenslust,
im Herzen brennt.

Ein Moment

Für einen Moment,
am Himmel ein Stück.
Für einen Moment,
ein Wolkenglück.
Für einen Moment,
im Vorüberziehen.
Für einen Moment,
dem Alltag entfliehen.

Mandalas

Ich liebe schöne Mandalas.
Sie haben etwas Magisches
und machen Spaß,
beim Ausmalen kann man
so herrlich entspannen
und alle Farben auf das
Papier bannen,
man träumt so fröhlich
vor sich hin,
meditative Gedanken
kommen einem in den Sinn,
die Freude ist groß,
bei jedem Motiv,
das Ausmalen von Mandalas
macht kreativ.

Fantasie

kann verzaubern,
lässt uns träumen,
bringt schöne Geschichten hervor.
Imagination

Am Meer

Sonne, Wolken, Wind und Meer.
Was will man mehr?
Kraft tanken, die Sonne genießen,
den Wind spüren und den Wolken-
Formationen nachschauen,
einen Strandspaziergang machen,
sich frei fühlen und seine
Gedanken schweifen lassen,
sich verströmen und wieder
sammeln, Ebbe und Flut.
Die Weite bis zum Horizont erleben.
Was will man mehr?
Elke will Meer.
Das Meer, es zieht uns magisch an,
kein Ort, wo man besser entspannen kann.

Meeresrauschen

Wellen plätschern
an den Strand,
Schaumkronen türmen sich auf.
Wellengang

Frische Brise

Meeresrauschen, einfach mal
den Strand langlaufen,
um den eigenen Gedanken,
zu lauschen,
Kraft zu tanken nebenbei
und der Kopf,
er ist gleich frei.

Baden

plitsch, platsch,
rein ins Vergnügen,
schwimmen in vollen Zügen.
Erfrischung

Urlaub

Endlich Urlaub. Ich stehe auf der
Seebrücke und schaue auf das
Meer.
Höre die Wellen sanft vor sich hinplätschern,
atme die frische, salzige Meeresluft ein.
Über uns fliegen ein paar Möwen,
die kreischen.
Am Horizont erscheint die Sonne.
Sie verwandelt das Meer in ein glitzerndes Antlitz.
Ein Schiff gleitet über die Wellen
und kommt näher.
Wieder Kreischen der Möwen.
Ich verlasse die Seebrücke, gehe zum
Strand und ziehe meine Sandalen
aus, den warmen, nassen Sand
unter meinen Füßen.
Was für ein Tag.

Bon Jour

Bonjour, du neuer Tag,
ich weiß noch nicht, wie ich
dich verbringen mag,
doch es wird sich schon ergeben,
denn ich möchte was erleben.

Sommer

voller Freude,
überschwänglich sein,
die ganze Welt
umarmen können,
welch ein Glück.

Fotos

Schön anzusehen,
Gedanken schweifen lassen.
Sie lächelnd, nochmal betrachten.
Zeitreise

Bad Pyrmont

Eine Mäusin, durch den
Kurpark schlich
oder war's ein Mäuserich?
Entlang durch schöne Blumenrabatten,
in dem tollen Palmengarten,
hinterließ sie ihre Fährte,
bis die Katze sich ihr näherte
und mit einem Satz, oh Graus,
löschte sie das Leben aus.
Aus, die Maus

Meine Katze

Katzen sind sehr autonom und stromern in der Gegend herum. Hier ist sie also. Name Minka. Sie ist schwarz-weiß gefleckt, mit weißen Pfötchen und großen Augen. Ein echter Stubentiger, immer auf dem Sprung, mal auf den Tisch, aufs Sofa, oder den Schrank. Hier und da, einen Blumentopf oder einen anderen Gegenstand umschmeißen oder das Sofa zerkratzen, das macht Spaß. Minka kann aber auch sehr anhänglich und verschmust sein. Bekommt sie Streicheleinheiten, schnurrt sie vergnüglich vor sich hin, um etwas später vielleicht, einer Fliege hinterher zu jagen oder Tapeten zu zerkratzen und Kabel anzuknabbern, ebenfalls eine schöne Beschäftigung, genauso, wie mal auf dem Fensterbrett sitzen, um gebannt einem Vogel zuzuschauen. Möchte man Minka von einem Lieblingsplatz verscheuchen, kann sie ärgerlich werden, ganz nach dem Motto:

„Pass auf, sagte die Katze, dass ich dich nicht kratze mit meiner Tatze"

Und eh man sich versieht, bekommt man einen Hieb. Ja, das wäre auch erledigt, nun schnell durch die Katzenklappe nach draußen laufen, um neue Abenteuer zu erleben. Vielleicht sogar Kater Carlo treffen, um mit ihm zu raufen oder vergnüglich, auf Mäusejagd zu gehen.

Regenschauer

Strömender Regen
und kein Ende.
Spazierengehen macht keinen Spaß
Abwarten

Am Abend

Den Tag vorüberziehen lassen,
zur Ruhe kommen
und entspannen, um etwas später,
sich traumtänzerisch,
in den Schlaf zu begeben,
um in die Nacht zu entschweben.
Nach einem langen Tag,
hüllt die Dunkelheit dich ein,
du kannst dich deinen Träumen hingeben.

Ruhe

Ich liebe die Ruhe
nach Mitternacht,
sie hat mir schon
manchen Traum gebracht,
der später oder irgendwann,
in die Tat umgesetzt werden kann.
Der Traum, er ist auch zum
Verarbeiten gedacht,
damit man sich nicht
so viele Sorgen macht,
über Begebenheiten, die
man erlebt, die Tagesreste,
sie werden verwebt,
zu schönen Gefühlen
oder auch nicht,
je nachdem, wie das
Unterbewusstsein zu uns spricht.

Köstlich

zum Frühstück,
ein knackiges Croissant.
Was gibt es Schöneres?
Genuss

Blumen

Ein Blumenstrauß,
für die Seele,
er ist schön anzusehen.
Freude

Losgelebt

die Schatten der Vergangenheit,
hinter sich lassen,
vielleicht einer ungewissen Zukunft
entgegen gehen
aber immer mit sehr viel Mut
und Elan voranschreiten,
voller Hoffnung und Sehnsucht.
Warum auch nicht?

In der nächtlichen Stille,
durchschreite ich die Räume,
meiner Phantasie
und lasse Träume wahr werden.

Die Seele hat die Farben,
deiner Gedanken.

Wetterkapriolen

heute mal ein Wetter grau,
morgen wieder himmelblau,
übermorgen Regenschauer,
wer hält das schon aus,
auf Dauer?
Das Wetter, es schwankt hin und her,
keine stabilen Temperaturen mehr.
Mal ist es warm,
mal ist es kalt,
dann wieder Hitze,
dass ich schwitze.
Welche Bekleidung ist angesagt?
Eine Frage, die einen ständig plagt.
Ich hätte gern eine Sommerzeit,
die mit ausgeglichenen
Temperaturen, mich erfreut.

Regenbogen

Ein Regenbogen, der entsteht,
wenn die Sonne kommt
und der Regen geht.
Ein magischer Moment,
den man bewundern kann.
Ein tolles Farbspektrum,
doch es entschwindet dann.

Langsam gehen,

im Schneckentempo sein.
Die Welt, ruhiger wahrnehmen,
einen anderen Blickwinkel haben.

Kinderlied vom Krokodil

Das kleine Krokodil,
das schwimmt
so gern im Nil,
es möchte gern hier bleiben
und sich die Zeit vertreiben,
das kleine Krokodil, es schwimmt
so gern im Nil,
hier ist es ja so gerne und nachts
sieht es die Sterne,
das kleine Krokodil, es schwimmt
so gern im Nil,
mit anderen Krokodilen,
da kann es so schön spielen.

September

Das Jahr zieht viel zu schnell vorbei,
bald wird es Herbst,
es war doch erst Mai,
Der Sommer war wieder mal,
sehr verregnet.
An trüben Tagen,
ist er uns kaum begegnet.
Doch jetzt im September,
viel Sonnenschein,
der Sommer kehrt zurück,
wir können uns freuen.
Erst jetzt genießen wir,
Sonne und Garten,
der Herbst, er kann noch
ein wenig warten.

Radfahren

Der Wind,
zerzaust mein Haar.
Sonnenstrahlen in meinem Gesicht
Vergnügen

Radfahren

Tatsächlich fahre ich gern, mit meinem Fahrrad durch die Gegend und ich bin froh, dass das Wetter jetzt endlich mitspielt, mit einer wärmeren Außentemperatur. Endlich wieder ein Hauch von Abenteuer und Freiheit. Mit dem Wind in den Haaren und der Sonne im Gesicht starte ich meine Tour, fahre vielleicht bis zum Tankumsee, trete in die Pedale, fahre mal schnell und mal langsam. Immer gibt es etwas zu beobachten, hier eine schöne Blume, da ein trällernder Vogel auf einem Baum. Leute, die mir unterwegs begegnen, manche ebenfalls auf dem Rad. An der Kreuzung nehme ich den kleinen Radweg und komme an einem Gestüt vorbei, bleibe stehen, bewundere die Pferde. Wie schön sie sind, wenn sie dort stehen. Auch der Geruch ist angenehm. Weiter geht's, eine etwas holprige Strecke entlang, bis der Tankumsee in Sicht ist. Hier lege ich eine kleine Pause ein, schaue auf den See und komme innerlich zur Ruhe. Am schönsten ist es, wenn nicht so viele Leute da sind. Man kann besser abschalten. Aber auch wenn einige Leute mit Ihren Kindern oder Hunden dort sind, gibt es viel zu sehen. Manchmal beginnt man noch einen kleinen „Small Talk", wenn sich jemand neben einen auf die Bank setzt. Irgendwann ist dann die Zeit zur Rückfahrt gekommen, nachdem der See einmal umrundet wurde. Wieder zu Hause angekommen, bin ich etwas k.o., aber durchaus zufrieden. Radtouren machen wirklich Spaß.

Wandern

immer laufen,
auf dem Wanderweg,
das Ziel, es naht.
Raststätte

Blumengarten

Opa Erny's
schön angelegter Garten,
ist ein einziger Farbenrausch.
Wundervoll

Pläne schmieden

Wie schön, wenn man Pläne hat,
manche führt man aus,
manche finden nie statt.
Es gibt Pläne, auf die man sich freut,
manche Pläne sind noch weit
aber Pläne, die verwirklicht werden,
sind das Schönste dann auf Erden.

Träumen

„Träum' dich weg", so steht es auf meinem
Kalender. Das Foto dazu sind Seifenblasen, die
gepustet werden. Manchmal mache ich das so.
Wohin ich mich dann Träume ist unterschiedlich,
meistens Städtetrips oder Museen, die ich gerade
besuchen möchte. Ein Traum ist Paris,, da möchte
ich eine Fotosession machen und stelle mir vor,
wie ich durch die Stadt gehe, mich durch die
Boulevards treiben lasse, fotografiere,
Stimmungen einfange oder in einem Straßencafé
sitze, einen „Pastis" trinke und die Umgebung auf
mich wirken lasse. In Gedanken verweilt man in
Museen, besucht Kunstausstellungen, das
Picasso Museum, Rodin Museum, den Louvre
oder eine der aktuellen Ausstellungen. Ich war
längere Zeit nicht in dieser schönen Stadt und
würde eine Zeitreise machen, entdecken, was sich
alles verändert hat. Das wäre bestimmt sehr viel.
Zu so einer Reise, braucht man Muße und ein
paar Tage Zeit, um vieles zu sehen, einige

Sehenswürdigkeiten, einschließlich dem Eiffelturm. Natürlich gehört auch ein schöner Restaurantbesuch dazu, in einem Restaurant mit stimmungsvollem Ambiente. Das alles würde mir gefallen, ich weiß nur noch nicht, wann ich es realisieren werde aber träumen, kann man ja schon mal.

Restaurantbesuch

Köstliche Speisen,
Düfte des Orients,
Indische Spezialitäten, zum Genießen.
Gaumenfreuden

Kaffee

Schönes Aroma,
er macht wach,
vertreibt sofort die Müdigkeit.
Genuss

Formtief

Es gibt Tage,
da kann man sich nur schwer aufraffen,
man hat das Gefühl,
einfach nichts zu schaffen.
Man zögert, überlegt hin und her.
Das sind Zeiten,
da fällt einem alles schwer.
Der Körper streikt,
man macht Pause und bleibt am besten,
mal zu Hause.

Unverhofft

Im Leben scheitert man manches Mal,
versinkt im Elend, es ist eine Qual.
Doch dann, ein unverhoffter Augenblick,
bringt uns die Freude,
im Dasein zurück.

Herbststimmung

Es war ein Vergnügen,
Bäume anzuschauen,
mit den Laubverfärbungen,
grün, gelb, orange und braun.
Mein Blick, er schweifte
ringsumher,
das Einfangen der Herbststimmung,
liebe ich sehr.

November

Den Monat November,
mag ich nicht,
mit Nieselregen,
auf meinem Gesicht,
mit grauen Wolken
am Horizont,
man nicht in eine gute Stimmung kommt,
die feuchte Kälte,
dringt durch Mark und Bein.
Wie kann man da denn fröhlich sein.

Der Nebel

Frühmorgens,
im Vorübergehen,
kann man manchmal
Nebelschwaden sehen.
Sie schaffen eine zauberhafte,
mystische Atmosphäre,
auf der Wiese oder
in der Nähe der Berge.
Man bleibt wie angewurzelt steh'n,
um diesem Schauspiel
zuzusehen.
Nach einer Weile löst der Nebel sich auf.
Krähen schwirren umher,
der Tag nimmt seinen Lauf.

Der Clown

Er sieht sehr lustig aus,
in der Manege erntet er Applaus,
für seine Späße.
Er erscheint der Welt entrückt,
das Publikum klatscht
und ist entzückt,
doch er kann auch traurig sein,
für seine Missgeschicke voller Pein,
lädt er auch die Menschen ein.
Am Ende seines Spiels,
sieht er wieder lustig aus,
denn Eines ist ihm sicher,
der Applaus.

Das Buch

begleitet uns ein Leben lang. Es fängt in Kindertagen an, mit Bilderbüchern, die Phantasie und Sprache beflügeln. Zu meiner Zeit waren es auch ganz simple, z.B. Max und Moritz, der Struwwelpeter und ein Märchenbuch der Gebrüder Grimm. Die habe ich mir stundenlang angesehen. Es waren faszinierende Bilder, in die man sich hineinträumen konnte. Später kamen dann die Pixi - Bücher auf, „der kleine Kater Schnurr", "Mama Miezemau und ihre Kinder", etc. Als Jugendliche bekam man an Geburtstagen und an Weihnachten Jugendbücher geschenkt, die auch faszinierten. Dann die Schulbücher, die man lesen musste. Deutsch-, Biologie-, Englischbücher, ein Gedichtband war auch dabei. Alle sehr interessant und bildend. Nach der Schule waren es dann Fachbücher, aus den Bereichen Pädagogik, Psychologie, Soziologie. Privat interessierten mich Kunstbücher, da ich gern Ausstellungen angesehen habe. Heute lese ich querbeet, Romane, Sachbücher und kulinarische Krimis, z.B. Tom Hillenbrand, Martin Walker. Ein Buch, ist immer etwas Schönes, Besonderes, zum Anfühlen, Anschauen und Lesen. Ein Erlebnis. Das Tor zu einer anderen Welt.

Kleinkunst

das Event
wird sehr schön,
man wird gut unterhalten
Spaß